Naiem Ahmadinejadfarsangi

J'ai vu le Christ en Iran

Naiem Ahmadinejadfarsangi

J'ai vu le Christ en Iran

من مسیح را در ایران دیدم

Éditions Muse

Imprint

Cover image: www.ingimage.com

Publisher:
Éditions Muse
is a trademark of
Dodo Books Indian Ocean Ltd., member of the OmniScriptum S.R.L Publishing group
str. A.Russo 15, of. 61, Chisinau-2068, Republic of Moldova Europe
Printed at: see last page
ISBN: 978-620-2-29975-6

J'ai vu le Christ en Iran

Naiem ahmadinejadfarsangi

Table des matières

Introduction:

Poutine est une figure très encadrée et disciplinée sur les principes de la diplomatie, mais il a demandé à plusieurs reprises si une réunion avec le chef de la République islamique d'Iran aurait lieu. La réunion a eu lieu. Au cours de la réunion, le dirigeant iranien a évoqué des points de l'histoire soviétique et auparavant nouveaux pour le président russe de l'époque. Après la réunion, des responsables diplomatiques ont déclaré que son comportement avait changé et qu'il s'était personnellement adressé, et non par l'intermédiaire de son ministre des Affaires étrangères, à Le ministre des Affaires étrangères de notre temps avait dit qu'il fallait se rendre en Russie pour se parler. De retour en Russie, un journaliste lui a demandé ce qu'il pensait de la direction iranienne, ce à quoi il a répondu: "Je n'ai pas vu le Christ, mais après avoir entendu et lu ses définitions dans la Bible, j'ai vu le Christ dans la direction de l'Iran." (Cité de Hojjatoleslam Marvi)

Comparaison du leadership en République islamique d'Iran avec d'autres Leaders mondiaux

Pour comparer les dirigeants de la République islamique d'Iran à ceux d'autres dirigeants du monde, il faut d'abord examiner les caractéristiques et les différences entre le système politique de l'islam et d'autres systèmes politiques dans le monde. Parce que la différence entre le leadership dans le système politique de l'islam et leadership d'autres systèmes politiques dans la nature Le système politique de l'Islam et ses différences avec les autres systèmes politiques se trouvent. Le système politique de l'Islam est fondamentalement différent des autres systèmes politiques dans diverses dimensions, y compris les deux domaines de la législation et de l'application de la loi. Avec l'explication que le système politique de l'Islam est basé sur des valeurs et des principes religieux et qu'il se concentre sur la religion et que ses lois et règlements sont fixés par Dieu Tout-Puissant, car dans la vision religieuse, la meilleure personne qui est pleinement consciente du réel besoins de l'homme et de l'aristocratie Il a et n'est pas sujet à l'erreur et à l'air sensuel, il est le créateur et le créateur de l'homme et de l'univers et c'est lui qui est capable de fixer le programme de son bonheur matériel et spirituel. En plus de réglementer les lois et les plans de la vie sociale des êtres humains ainsi que leur vie personnelle, les responsables de l'application des lois sont également des personnes qui ont des caractéristiques et un statut particuliers, de sorte que dans le plan idéal du gouvernement islamique, la direction du système est la responsabilité de l'infaillible PSL. Selon les principes religieux et les enseignements du Saint Prophète et des imams infaillibles (as), ils sont responsables de diriger la société islamique de

Dieu Tout-Puissant, et il est clair que ces nobles, avec leur infaillibilité, sont à l'abri de toute erreur et erreur et dirigent la société islamique La base des enseignements de la religion mène au chemin du bonheur et de l'excellence matériels et spirituels. Mais à l'ère de l'absence de l'Imam infaillible (as) et du manque d'accès à l'Imam infaillible, la société islamique n'a pas été livrée à elle-même et au juriste complet qui a des qualités spéciales telles que la jurisprudence, la piété, la justice et capacité de gestion et vision pour gouverner la société islamique Il a été désigné par l'imam Masoom (as) comme l'option la meilleure et la plus proche pour diriger et gouverner la société islamique. Ainsi, le système islamique est gouverné par une personne qui a une connaissance suffisante et nécessaire principes religieux et en raison de sa piété et de sa justice, il ne sera pas influencé par les désirs charnels, les menaces et les tentations et conduira le système islamique dans la direction des enseignements et des ordres islamiques. une manière pour que les lois, ses règles et ses exécutants aient la capacité nécessaire pour conduire la société islamique sur la bonne voie et sur son excellence matérielle et spirituelle, et selon les enseignements religieux, le lien entre la direction du système et le peuple dépasse le lien de leadership et sous forme de "province", il s'accompagne d'une sorte de dévotion profonde et de connexion spirituelle. D'un autre côté, dans d'autres systèmes politiques, la religion et les enseignements religieux n'ont fondamentalement aucune place dans les affaires sociales ou s'y opposent. Par conséquent, tout plan et tout règlement de la loi sont façonnés par le peuple lui-même et sa volonté. Et les exécuteurs testamentaires de ces lois sont employées par le peuple lui-même, de sorte que le chemin du mouvement de ces systèmes est la volonté du peuple et sa direction est faite par des personnes qui ont été identifiées par le peuple. De tels systèmes sont pris dans le tourbillon de l'ignorance et de leur désirs charnels et sont guidés vers le chemin actuel dans lequel l'homme est confiné à sa dimension matérielle et seules ses dimensions matérielles sont considérées et ses besoins spirituels et spirituels sont oubliés et bien que la base du mouvement de tels systèmes soit basée sur l'humanisme et centré sur l'humain , mais ils se sont concentrés sur les êtres humains, dont la dimension fondamentale de sa vie a été abandonnée et placée dans les rangs des autres animaux, et d'autre part en abandonnant la religion et ses enseignements De l'arène sociale de la vie humaine et le fondement de la laïcité et la règle de la vision du monde matérielle et la rupture de la connexion avec l'origine du Créateur de l'univers, de Par conséquent, la croissance et le développement de ces sociétés ont conduit à une civilisation animale pour ces sociétés et des progrès dans le domaine de la science, de l'industrie et de la technologie, le retard dans l'humanité, la moralité et la spiritualité et ce que dans l'ombre de ce progrès Le résultat n'est pas un être humain civilisé, mais la formation d'un animal civilisé qui les a confrontés à de nombreux problèmes moraux et spirituels dans les sphères individuelle, familiale et sociale, et qui a effectivement fait face à une telle civilisation avec de sérieux défis, et le leadership de ces systèmes. est le résultat de ce genre d'attitude et de choix du peuple, il va dans le sens de sa volonté et des principes régissant ce système politique. En conséquence, la différence entre la direction du système de la République islamique d'Iran et la direction d'autres systèmes politiques est une différence fondamentale et essentielle. Nous mentionnerons brièvement certaines de ces différences; R: Le leadership de la République islamique d'Iran est enraciné dans les enseignements religieux et en plus des capacités politiques et sociales nécessaires, a des caractéristiques élevées telles que la jurisprudence, la justice et la piété, et cette question est à l'origine du mouvement général du pays Guidez la base des enseignements islamiques et les mêmes attributs et conditions spéciales que les superviseurs internes contrôlent leur performance et bien sûr, en outre, l'organisme de réglementation est considéré comme une supervision externe dans la loi, mais dans d'autres systèmes uniquement avec des organismes de réglementation externes Ils essaient de contrôler et de surveiller la performance de leurs dirigeants, mais dans la pratique, nous voyons beaucoup de corruption et de scandales moraux et économiques parmi leurs dirigeants, mais les dirigeants de la République islamique d'Iran sont à l'abri du moindre préjudice.

En conséquence, la différence entre la direction du système de la République islamique d'Iran et la direction d'autres systèmes politiques est une différence fondamentale et essentielle. Nous mentionnerons brièvement certaines de ces différences; R: Le leadership de la République islamique d'Iran est enraciné dans les enseignements religieux et en plus des capacités politiques et sociales nécessaires, a des caractéristiques élevées telles que la jurisprudence, la justice et la piété, et cette question est à l'origine du mouvement général du pays Guidez la base des enseignements islamiques et les mêmes attributs et conditions spéciales que les superviseurs internes contrôlent leur performance et bien sûr, en outre, l'organisme de réglementation est considéré comme une supervision externe dans la loi, mais dans d'autres systèmes uniquement avec des organismes de réglementation externes Ils essaient de contrôler et de surveiller la performance de leurs dirigeants, mais dans la pratique, nous voyons beaucoup de corruption et de scandales moraux et économiques parmi leurs dirigeants, mais les dirigeants de la République islamique d'Iran sont à l'abri du moindre préjudice. B: La possession des caractéristiques et des conditions élevées de leadership a provoqué la direction de la République islamique d'Iran avec autorité et fermeté contre les excès des grandes puissances sur la scène internationale qui ignorent les droits des autres pays et ses intérêts dans l'hégémonie et l'agression. féliciter les autres pays, de se lever et de ne pas se laisser intimider par leur pouvoir, et le courage et l'autorité des dirigeants de la République islamique d'Iran ne sont pas comparables à ceux d'autres pays. Dans la plupart des systèmes politiques actuels du monde, les dirigeants sont arrivés au pouvoir avec le soutien des entreprises et des entreprises économiques et de certains partis et groupes politiques et, en pratique, protègent leurs intérêts et n'agissent pas contre leurs intérêts et leurs souhaits, mais la direction de la République islamique d'Iran Sans ces restrictions, elle se déplace librement et indépendamment, avec le soutien de la religion et le soutien et l'empathie du peuple. R: Le lien entre les dirigeants de la République islamique d'Iran et le peuple va au-delà des caractéristiques matérielles et de la responsabilité apparente, et il existe une sorte de lien spirituel profond et une affection et une dévotion particulières entre le peuple et les dirigeants qui découlent des enseignements religieux. Les systèmes politiques actuels ne peuvent être trouvés parmi aucun des dirigeants des autres pays. D: Le type de vie personnelle de la direction de la République islamique d'Iran, sa vie simple et son éthique personnelle, etc., ne peuvent être comparés à aucun des dirigeants politiques du monde et il y a moins de leadership dans l'arène mondiale qui a de telles caractéristiques et caractéristiques.

Le style de vie selon les mots du dirigeant iranien l'ayatollah Khamenei

Le style de vie fait référence à un ensemble de comportements, de modèles et de schémas d'actions d'un individu qui se concentre sur les dimensions normative, comportementale et sémantique de sa vie sociale et montre la faible qualité du système de croyances, d'actions et de réactions de l'individu et de la société. Des scientifiques comme Max et Bro Simmel au cours des dernières années du XXe siècle ont parlé d'un ensemble de comportements qu'un individu ou un groupe a choisis en fonction de leurs motivations profondes et dans une tentative d'équilibrer leur personnalité mentale et leur environnement objectif. XXe siècle, un changement dans l'approche des sociologues de l'analyse de la production à la consommation et de l'économie à la culture a conduit. Cela a conduit à un changement progressif de l'analyse, le concept de «style de vie» remplaçant le concept de «classe» et ses dérivés. Dans cette situation sociale, les individus, indépendamment de leur appartenance à une classe particulière, tentent de définir une identité souhaitée d'eux-mêmes en adoptant certains schémas de comportement, notamment dans le domaine de la consommation. Cela montre que le mode de vie est causé par le processus de socialisation et d'éducation et est influencé par la position de l'individu dans l'environnement social. Ainsi, en étudiant le mode de vie, les penseurs sont progressivement passés de comportements objectifs à des aspects plus mentaux de la vie, tels que les attitudes et les tendances, car au-delà de nombreux comportements humains, c'est sa perception de son identité qui se manifeste. Selon cela, le «style de vie» est un ensemble relativement harmonieux de tous les comportements et activités d'une certaine personne dans la vie quotidienne, qui nécessite un ensemble d'habitudes et d'orientations et a donc une sorte d'unité. Mode de vie religieux D'une manière générale et par rapport à l'homme, au monde et au monde de l'au-delà, trois modes de vie généraux peuvent être imaginés pour l'homme. Premièrement, le mode de vie monastique dans lequel quitter le monde et ses plaisirs forment la base de la pensée. Ce point de vue peut être pris au sérieux dans l'Ouest pré-Renaissance. Le deuxième mode de vie est le style philosophique de recherche du monde, qui n'a aucune croyance en l'au-delà et considère que le but de l'homme est de chercher le monde, et peut-être que le style de vie de l'Occident actuel est le même. Le troisième point de vue est le point de vue islamique, qui considère à la fois le monde et l'au-delà, et considère l'un comme un pont pour atteindre l'autre. Ainsi, on peut dire que le style de vie religieux est un ensemble relativement harmonieux et cohérent de toutes les affaires objectives et mentales de la vie d'un individu ou d'un groupe dans lequel la croyance en l'au-delà comme la fin de la création et le regard du monde comme un pont vers le bonheur L'Éternel de l'au-delà est la base de toutes les idées et tendances et dirige tous les comportements et choix de l'individu et du groupe. Le concept de mode de vie religieux du point de vue du leader iranien l'ayatollah Khamenei Du point de vue du guide suprême de l'Iran, le style de vie est en fait «l'intellect de subsistance» (Didar Javan, 23/07/2012) qui est mentionné dans les récits. Cette question en fait; C'est le "logiciel de la civilisation islamique" (idem). Il a défini deux modes de vie généraux: le style de vie non monothéiste, dans lequel prédominent les enseignements des écoles matérielles, et les concepts de consommation, d'hédonisme et de laïcité prévalent, et le style de vie monothéiste, dans lequel prédominent les commandements divins. Et la politique, la culture et l'économie sont influencées par ces concepts. (Même) Composantes du mode de vie religieux du point de vue des dirigeants iraniens En général, les éléments du mode de vie dans la pensée des dirigeants iraniens peuvent être dessinés dans cinq domaines généraux, chacun d'entre eux ayant des éléments qui décrivent la vie d'un musulman. ١. Composantes du mode de vie religieux dans le domaine de la pensée et de la pensée du point de vue du dirigeant iranien Sans aucun doute, la pensée et la pensée de chaque être humain est son atout le plus important, et au niveau macro, la pensée et la manière de croire qui régit toute société, déterminent la politique de son peuple. Du point de vue du dirigeant iranien, des questions telles que: la foi, la science, l'évitement de la simple imitation et l'attention aux valeurs sont les éléments les plus importants dans ce domaine. A) La foi La foi est fonction de la définition de la vie par l'homme et de son but. Le comportement social et le style de vie sont fonction de notre interprétation de la vie: quel est le but de la vie? Chaque objectif que nous nous fixons pour la vie nous offre naturellement un style de vie qui nous convient ... Nous devons nous dessiner un objectif et y croire .... Sur la base de cette foi, un style de vie sera choisi. (Déclaration à la réunion des jeunes, 7 / 23/2012) Ils veulent que les jeunes du pays expliquent le but de la vie et se fixent de nobles objectifs pour la vie. (Déclarations à la réunion des jeunes, 2/7/1998) Il existe un lien direct entre la haute foi et la satisfaction de vivre, même dans les sociétés occidentales. Du point de vue des dirigeants iraniens, il y a des personnes atteintes de santé mentale qui ont deux caractéristiques: être satisfaites de leur vie, d'autres se sentent satisfaites de leur comportement et de leurs pensées. La santé mentale devrait également être évidente dans au moins trois domaines: le travail, les relations sociales et les relations familiales. La foi, en raison de ses effets divers et vastes sur l'esprit humain, change la face du monde aux yeux de l'homme et transforme le monde matériel froid en un monde vivant et conscient. L'illumination, l'espoir d'un bon résultat, la tranquillité d'esprit, l'évitement du péché, l'aide de Dieu, l'endurance et la persévérance, l'intrépidité, sans doute et hésitation, et la stabilité et la jouissance des plaisirs spirituels sont les effets les plus importants de la foi dans la réalisation de la santé mentale. (Déclaration à la réunion du peuple de Rafsanjan, 18/04/2005)

Deux) Science et sensibilisation "La science; C'est le facteur de dignité, de pouvoir et de sécurité de la nation "(Déclaration à la réunion des jeunes élites, 12/06/2007) "Un pays dépourvu de science ne peut espérer dignité, indépendance, identité, sécurité et prospérité." (Le même) Les dirigeants iraniens insistent sur le rôle de la science, même dans les questions les plus simples de la vie, comme le maquillage et les vêtements: "Je tiens à dire que si vous voulez vous maquiller les cheveux, vous habiller, changer votre style de marche , fais; Mais faites-le vous-même; N'apprendre pas des autres "(Déclaration à la réunion des jeunes de Hamedan, 17/04/2004) Trois) Évitez l'imitation L'une des préoccupations les plus importantes du dirigeant iranien est d'essayer de construire une génération qui est loin d'imiter aveuglément: (Déclaration lors de la réunion des jeunes, 23/07/2012) N'a causé que des dommages et une catastrophe; ... La culture occidentale est une culture agressive et destructrice. Partout où les Occidentaux sont entrés, ils ont détruit les cultures autochtones, détruit les fondations sociales de base; Ils ont changé l'histoire des nations autant qu'ils ont pu "(Déclaration lors de la réunion du peuple de Bijar, 28/02/2009) Expliquant les différentes dimensions de l'invasion culturelle, il dit: «Quand je parle d'invasion culturelle, certaines personnes pensent que je veux dire, par exemple, un garçon qui lève les cheveux ... La plus grande invasion culturelle est que cela dure depuis beaucoup ans. Ils ont injecté dans le cerveau iranien et la conviction iranienne que vous ne pouvez pas; Il faut suivre l'Occident et l'Europe. Ils ne nous laissent pas croire en nous. Maintenant, si vous avez une théorie scientifique en sciences humaines ou en sciences fondamentales, contrairement aux théories courantes et écrites du monde, certaines personnes se lèveront et diront que ce que vous dites ... est contre une certaine théorie; Autrement dit, comme les croyants croient au Coran et à la parole de Dieu et à la révélation divine, ils croient aux vues de certains scientifiques européens autant ou plus "(Déclaration à la réunion de la jeunesse de Hamadan, 17/04/1383) Ils disent: L'interaction culturelle, c'est comme aller dans un magasin de fruits ou d'alimentation et de légumes et choisir et manger ce qui vous convient et qui correspond à votre humeur. Dans le monde de la culture, c'est la même chose que ce que vous avez vu, aimé et jugé approprié pour vous et que vous n'y voyez aucune objection, vous le recevez d'une autre collection et d'une autre nation; "Il n'y a rien de mal à ça ... Lors d'une invasion culturelle, ils ne vous disent pas de choisir, mais ils vous endormissent, prennent vos mains et vos pieds, et vous injectent une substance dont vous ne savez pas ce que c'est . "Déclarations à la réunion des étudiants de Qazvin, 1382/9/26) Du point de vue du Guide suprême de l'Iran, si une personne est libérée des chaînes de l'imitation, elle devient un élément sur lequel, comme un pilier, le toit de la civilisation du pays et de la véritable civilisation de la nation est placée. (Déclarations à la réunion des jeunes et des personnalités culturelles de Rasht, 12/02/2007) Quatre) Faites attention aux symboles religieux Les symboles sont un type de signe qui apparaît en fonction d'une idée ou d'un sentiment et a un effet spécial sur l'espace comportemental. Essentiellement, les symboles qui ont une sont également fonction de la vision du monde et des valeurs qui régissent cette société. Concernant la nécessité de prêter attention à cette question, le guide suprême de l'Iran a déclaré: «Pendant ma présidence au Conseil suprême de la révolution culturelle, j'ai soulevé la question de la conception d'un costume national et j'ai dit:« Faisons un costume national; ... moi et vous, qui êtes des Iraniens, quels sont nos costumes? »... Bien sûr, je ne dis pas que le dessin de cette robe doit revenir à la robe d'il y a cinq cents ans; Je dis asseyez-vous et concevez une robe pour vous-même "(Déclaration lors de la réunion des jeunes de Hamedan, 17/04/2004) Se référant aux plans de l'ennemi à cet égard, il dit:" Découvrir le hijab est un obstacle à son élimination Ce qui dans l'Islam est placé entre les deux sexes - ce qui est pour la santé des femmes et la santé des hommes; C'est à la santé identité visuelle deviennent des outils de communication mentale et, avec le temps, il devient difficile de séparer et de séparer l'individu du symbole. Les symboles peuvent conduire une personne à une atmosphère positive ou négative au fil du temps en raison de l'attention, et cela se trouve souvent dans le domaine de la religion. Du point de vue du dirigeant iranien, dans le domaine religieux, les «rituels» créent un tel processus chez les êtres humains. L'observation attentive des rituels et leur respect et adhésion est le signe d'une œuvre qui dépasse l'espace matériel. «Certaines personnes collectionnent les rituels islamiques, les symboles islamiques, le comportement islamique et les drapeaux islamiques de leur propre vie et des gens au nom de ne pas être hypocrites et de ne pas vouloir faire semblant. Je ne recommande absolument pas cela.

"(Déclaration lors de la réunion entre le Président et les membres du Cabinet, 06/08/2005) Ils disent: "Pourquoi répandez-vous le deuil et les larmes parmi le peuple?" Ce n'est pas du deuil et des larmes pour le deuil, c'est pour des valeurs. Ce qu'il y a derrière ces deuils, les coups sur la tête et la poitrine, ce sont les choses les plus chères qui puissent exister dans le trésor de l'humanité; "Il est le même que les valeurs spirituelles divines." (Déclaration à la réunion du peuple de Qom, 19/10/2007) Cinq) Attention aux valeurs culturelles et historiques L'attention portée à la catégorie des valeurs joue un rôle essentiel dans la formation de la pensée humaine. Le guide suprême de l'Iran a expliqué ce problème en plusieurs parties: Architecture islamique: avant qu'un bâtiment ne soit construit, le bâtiment est captif de l'homme; Mais après la construction, l'homme est captif du bâtiment. Par conséquent, si nous dessinons une carte basée sur notre propre culture au stade de la conception, il n'y aura pas de contradiction entre notre culture et la culture que le bâtiment nous impose; Mais si l'architecture est construite sur une culture étrangère, il y aura une contradiction entre notre culture et la culture du bâtiment. Cette contradiction est problématique au début; Mais à mesure que la culture de la personne se désensibilise, la culture du bâtiment prend le dessus. Du point de vue du leadership, l'élément le plus important de l'architecture islamique est l'élément de la vie; Dans la mesure où le bâtiment dans l'architecture islamique est conçu de telle manière que même si la porte est ouverte, l'intérieur de la maison n'est pas visible de l'extérieur. (Déclaration à la réunion des membres des conseils provinciaux de la culture publique, 19/04/1374)

Prêter attention aux symboles visuels et aux apparences dans la ville est l'une des priorités les plus importantes des dirigeants iraniens; Accent qui comprend l'importance de prêter attention à la forme et au mode de mise en œuvre des projets de développement et aux paramètres de l'architecture urbaine conformément à la culture islamique des citoyens iraniens (message du début du troisième mandat des conseils de ville et de village islamiques, 2/8 / 2007). La ville comme vêtement de civilisation doit être pleine d'apparences et de valeurs historiques de sa civilisation. La ville doit être un exemple suprême de l'art et de la culture islamo-iraniens et pleine de spiritualité cachée dans les valeurs religieuses des Iraniens (message du début du travail des conseils islamiques dans les villes et villages, 1378/2/8) et les symboles de la révolution doivent être vus dans l'architecture.

(Déclaration lors de la réunion des habitants de Fam, 18/08/2010) "En plus d'accorder de l'importance à la construction de mosquées, des installations appropriées de bien-être, de sécurité et d'enseignement doivent être envisagées pour eux dans les colonies." (Déclaration lors de la réunion des fonctionnaires du Ministère du logement et du développement urbain, 25/3/1379) Attention à la langue: la langue persane est l'héritage culturel des Iraniens et les dirigeants iraniens, conscients de cela, révèlent les obstacles des ennemis dans le développement de cet élément culturel des Iraniens. "Je crois que l'un de nos canaux culturels les plus fiables est la langue persane." (Déclaration lors de la réunion des membres du Conseil suprême de l'Organisation de la culture et de la communication islamiques, 13/11/1380) La langue persane est désormais le meilleur vecteur et média de connaissance, de réflexion, d'innovation et de civilisation islamique profonde "(Déclaration dans la rencontre des membres du Second Forum International des Langues Farsi, 12/12/1370) En se dessinant une vision à cet égard, il dit: "Il faut suivre le jour où si un scientifique du monde voulait comprendre une théorie scientifique, pour connaître, résoudre et se familiariser avec une invention, il devait être capable d'apprendre la langue persane »(Déclaration lors d'une réunion de groupe de jeunes inventeurs et innovateurs du pays, 30/01/2005). «Nous devons d'une manière ou d'une autre expliquer notre identité culturelle et ses dimensions dans les pays islamiques, dans les pays occidentaux et dans d'autres pays aux civilisations anciennes, et clarifier ses dimensions. "Il a des outils, et la langue persane en fait partie." (Déclaration lors de la réunion des conseillers culturels de la République islamique d'Iran, 25/11/1380) << Au cours des cent dernières années, un effort calculé contre la langue persane a commencé à partir de l'Inde ... et de vastes mesures ont été prises pour limiter la Langue persane. Mais en même temps, la langue persane est restée stable avec toute sa force et toute sa puissance "(Déclaration lors d'une réunion de groupe de professeurs de littérature persane dans les pays du Commonwealth, 1378/11/18) Attention à l'histoire: Un autre élément culturel de toute nation est l'histoire de cette nation. »Pendant des décennies, les ennemis de cette nation ont tenté de déchirer nos cartes d'identité historiques, ... Nous avons été pris pour une nation sans racines; ... certains d'entre nous, malheureusement, ont été trompés, ont accepté le jugement de l'ennemi sur la nation iranienne et le peuple iranien "(Déclaration lors de la réunion du peuple de Yazd, 12/10/2007) "L'identité nationale, qui provient de l'histoire et de la culture de chaque pays, est considérée comme la base de tout progrès": la base du changement doit reposer sur les principaux éléments de l'identité nationale, dont les idéaux fondamentaux et fondamentaux sont les plus important ... Si Un pays avait tous les progrès, mais ... il n'a pas profité de son passé et de son histoire et il n'a pas gagné, ce pays ne progressera pas du tout; «Parce que l'identité nationale est à la base de tout progrès». (Déclarations à la réunion des universitaires de Semnan, 18/08/2006) Six) À l'exemple d'Ahl al-Bayt (AS) L'une des composantes les plus importantes du mode de vie islamique est la relecture du mode de vie des chefs divins et des prophètes. Le guide suprême de l'Iran dit: "Dieu Tout-Puissant nous a ordonné, musulmans, de suivre le Prophète (PSL) ... Notre société islamique est complète dans le vrai sens du mot société islamique, qui s'adapte au comportement du Prophète (PSL) (Sermons des prières du vendredi, 7/5/1370) Même dans la dimension gouvernementale, ils croient que les dirigeants devraient avoir un modèle et le meilleur exemple est le gouvernement alaouite (Sermons du vendredi, 16/9/1380) ٢. Composantes du mode de vie religieux dans le domaine du tempérament individuel du point de vue du dirigeant iranien Le deuxième des cinq domaines soulignés par le leader iranien dans le mode de vie islamique est le tempérament individuel, qui à cet égard a mentionné les éléments influents suivants: A) Vêtements et vêtements Dans toute société, le type et la qualité des vêtements pour hommes et femmes, en plus d'être fonction des conditions économiques, sociales et climatiques,

de la société d'apporter la même calamité qui est arrivée à la femme des sociétés occidentales à la femme musulmane iranienne "(Déclaration lors de la réunion du peuple de Qom, 19/10/2007)" Dans le monde, le la culture de certaines personnes est la façon dont ils s'habillent et couvrent et la qualité de vie et ... la moralité et la connaissance pour les personnes innocentes et ignorantes du monde entier. Si une nation peut se protéger de la transmission d'une vague culturelle vénéneuse et payer les étrangers, elle sera indépendante; "Mais si elle ne le peut pas, cette nation est une nation dépendante et captive." (Déclarations lors de réunions de différents segments de la population, 15/09/1368)

Deux) Voyage et divertissement La façon dont vous passez votre temps libre peut refléter en grande partie les caractéristiques intellectuelles et culturelles de la communauté dans laquelle vous vivez. »... Il doit être possible de gérer les demandes des jeunes et des adolescents et de leur faire découvrir des loisirs sains adaptés à leur tranche d'âge. Tout divertissement qui ne mène pas à ce qui est interdit par Dieu est un divertissement sain. «Étudier, chasteté et éviter de vains passe-temps font partie des devoirs des jeunes. (Déclaration lors de la réunion des membres des associations islamiques d'étudiants, 24/12/2004) Il met en garde les jeunes contre l'extravagance même dans ce domaine de la vie et dit: Il y a ceux qui sont extravagants même dans leurs propres passe-temps. Par exemple, ils voyagent à l'étranger ... Dans ce pays de cette taille, beaucoup de gens ne peuvent pas avoir le même plaisir et divertissement. Certains vont jusqu'à leur bouche, vont dans un pays étranger pour s'amuser ou se divertir pour eux-mêmes ou leurs familles. "Ce sont des extravagances définitives et interdites." (Sermons de prière du vendredi, 4/10/1377) Trois) Modification du modèle de consommation Le dirigeant iranien, tout en expliquant les domaines de graves changements dans la société et en faisant référence à la question des «déchets personnels et publics» et du gaspillage des ressources du pays, a appelé les responsables iraniens et la population à planifier et à progresser vers une réforme du mode de consommation. Comprendre le modèle de consommation, la pathologie et son optimisation est possible en considérant le mode de vie des différentes classes de la société. (Discours dans le sanctuaire de Razavi, 1/4/1374) Il considère l'aristocratie et la consommation excessive comme une maladie et a des conséquences culturelles négatives pour le pays (Conférence dans le sanctuaire de Razavi, 1/1/1388) et dit: "Sauver ne fait pas signifie ne pas consommer; "Cela signifie ne pas gaspiller la richesse, rendre la consommation efficace et fructueuse." (Même) ٣. Composantes du mode de vie religieux dans la famille du point de vue du leadership L'importance et le caractère sacré de la famille dans l'Islam peuvent être prouvés en mettant l'accent sur la formation de la famille dans les récits. Dans ce domaine également, plusieurs éléments intéressent le dirigeant iranien. Un mariage En matière de mariage, la première chose est l'âge du mariage. À cet égard, les dirigeants iraniens disent: "L'âge du mariage ne devrait pas être aussi salé que certains le pensaient à un très jeune âge ... ni le goût salé que font les Occidentaux lorsqu'ils se marient à trente ou quarante ans." (Déclaration lors de la réunion de la jeunesse, 02/07/1370) Le deuxième problème est la facilité du mariage. Le mariage doit être facile, pas difficile, coûteux et extraordinaire. (La même) troisième chose est la nécessité de supprimer certaines des fausses restrictions dans le mariage: "Si nous éloignons notre mariage des choses que l'Islam a supprimées et des traditions que l'Islam a établies." S'il est orné et décoré, notre le mariage sera islamique et le mariage sera basé sur le consentement du Prophète de l'Islam (PSL) et du grand chef de l'humanité. " (Sermon contractuel, 22/1/1374) Les meilleures filles du monde étaient Hazrat Zahra (PSL). Les meilleurs fils du monde et les meilleurs mariés étaient Hazrat Amir al-Mo'menin (AS) ... Ceux qui occupaient ces postes à la fois spirituellement et divinement étaient les anciens de leur temps, voyez comment ils se sont mariés? ... A cette époque, ils ignoraient également qui La dot de leurs filles était très élevée; Par exemple, mille chameaux. Étaient-ils plus élevés que la fille du Prophète (PSL)? Imitez la fille du Prophète (PSL) »(Sermon de mariage, 17/02/1375). Expliquant les critères d'un bon mariage, il dit: «Certaines personnes pensent que les cérémonies et les allées et venues à l'hôtel, les salles chères, les dépenses élevées, augmentent l'honneur et la fierté de la fille et du garçon. non; L'honneur et la dignité des filles et des garçons sont leur humanité, piété, chasteté et prévoyance "(Wedding Sermon 12/18/1375) Il dit sur la nécessité de supprimer certains rituels nuisibles de la voie du mariage des jeunes:" Pourquoi voulez-vous vider le marché pour deux personnes qui veulent vivre pour se faire une dot? Ils disent: Eh bien, nous l'avons fait. Parce que nous voulons faire. Cet argument est-il suffisant? C'est un faux argument. Toutes sortes de personnes vivent dans une société. Vous devez faire quelque chose pour que même la fille qui n'en a pas le puisse, si elle veut se marier. »(Sermon de mariage, 5/8/75)

Deux) Relations familiales Si la société dépend de ses membres, les individus dépendent de leur famille. Les connaissances humaines sont aujourd'hui divisées en deux catégories: les connaissances humaines et les connaissances communautaires. Cette division est très imparfaite et ne couvre pas tous les aspects de la vie matérielle humaine; Parce que la famille n'y est pas vue. Il faut dire que les sciences humaines doivent être divisées en trois catégories: la psychologie, les sciences de la famille et les sciences sociales. Cette division est considérée dans la connaissance de la philosophie islamique, dans laquelle, après avoir divisé la science en connaissances théoriques et pratiques, les connaissances pratiques sont divisées en trois types: la psychologie (éthique), la sociologie (politique civile) et la planification de la maison, qui malheureusement, la science de l'entretien ménager a été oublié et la psychologie a pris le dessus. Par conséquent, le premier pas dans cette direction est la renaissance des sciences de la famille afin que, dans ce contexte, une solution systématique puisse être apportée pour parvenir au mode de vie islamique. Le Guide suprême de l'Iran a déclaré: "Les pays dans lesquels la famille est perdue sont, en fait, les fondations de leur civilisation tremblent et finiront par s'effondrer" (Sermon sur le mariage, 1997/11/9) Puis, pour résoudre ce problème, ils disent: «Votre effort important devrait être de vraiment dénouer le nœud du travail des femmes; C'est l'un des nœuds les plus importants de la famille. " Il insiste sur le fondement de la famille dans toutes les affaires du pays (ibid.) Et souligne le besoin de qualité en présence de femmes dans la famille et conseille aux femmes de ne pas sacrifier la famille pour des emplois de direction à l'extérieur du domicile (ibid.) . Pour résoudre la crise des femmes dans le monde, elle évoque deux étapes nécessaires: d'une part, comprendre la position des femmes dans la société et d'autre part, comprendre la position de la famille (Déclaration à la réunion des femmes d'élite, 1/3/2011), Un serviteur respecté. À l'intérieur de la maison, la femme n'est pas un héros; "C'est une maison de fleurs ... ce sont les vues de l'Islam ... et la réalisation de la volonté de l'Islam dans la famille a besoin d'un soutien juridique et d'une garantie exécutive, et cela doit être fait." (Déclaration lors de la réunion des femmes d'élite, 01/03/2011) Trois) Taux de natalité

Depuis quelque temps déjà, les films, les séries sportives, etc. en Occident mettent l'accent sur la discussion sur la famille, les enfants et la population. La cérémonie de remise des trophées dans les compétitions sportives et la présence des enfants et des enfants des joueurs sur le terrain, est peut-être une sorte de propagande familiale et conduisant les citoyens européens vers la formation et la reproduction de la famille. Le point de vue du public sur les groupes de référence tels que les acteurs de cinéma, les joueurs de football, les chanteurs et les artistes en Occident a conduit les décideurs politiques occidentaux à accorder une attention particulière à leur rôle dans l'augmentation de la population. L'une des composantes du pouvoir est la population du pays. Faisant référence à la nécessité d'une population importante, le guide suprême de l'Iran déclare: «Le pays ne doit pas laisser disparaître la domination de la jeune génération et la belle apparence de la jeunesse dans le pays; ... Ils ont marqué une époque et m'ont montré qu'à cette époque, nous aurons une population plus petite que notre population actuelle. Ce sont des choses dangereuses; "Cette politique de restriction générationnelle doit être reconsidérée et la bonne chose doit être faite." (Déclaration lors de la réunion des responsables du système, 05/03/2012) ٤. Composantes du mode de vie religieux dans le domaine du tempérament social du point de vue du dirigeant iranien Dans le domaine de la culture de la vie collective, le guide suprême de l'Iran a également expliqué les composantes du mode de vie islamique, qui peuvent être regroupées sous les deux rubriques discipline sociale et État de droit. A) Discipline sociale Dans la question de la discipline sociale, l'accent est mis sur la correction des fautes sociales, telles qu'une culture de conduite incorrecte, une culture d'appartement incorrecte, etc. (Déclaration lors de la réunion des jeunes du Khorasan du Nord, 23/07/2012) Il a souligné l'impact des comportements individuels La société dit dans d'autres: "Ce que nous voulons dans l'évolution avec le progrès, c'est la lutte contre la pauvreté, la discrimination, la maladie, l'ignorance, l'insécurité, l'anarchie, la mise à niveau de la gestion à un niveau plus scientifique, la discipline sociale, la croissance de la sécurité." Et ... "(Déclarations à la réunion des universitaires de Semnan, 18/08/2006). "Ceux qui sont les défenseurs et les protecteurs des questions culturelles, (...) devraient prévoir d'inculquer aux gens l'esprit de conscience professionnelle et de discipline sociale", a-t-il déclaré. (Papam Nowruz, 1/1/1374).

Deux) Loi orbitale Du point de vue du guide suprême de l'Iran, la loi empêche les troubles (déclarations dans la communauté Qom, 1379/7/14) est le format des actions de chacun (déclarations à la réunion des étudiants de Qazvin, 1382/9/26) et même une mauvaise loi vaut mieux que l'anarchie (Déclaration lors de la réunion du peuple de Qom, 19/10/2011) La loi est la norme et l'indicateur de la justice (Déclaration lors de la réunion des fonctionnaires de la justice, 7/4 / 2009) "Mon conseil à tous les fonctionnaires, à tous les centres législatifs et à tous les individus La nation obéit à la loi. "Si nous obéissons à la loi, l'ennemi ne peut pas continuer à être avide." (Déclarations dans la communauté de Qom, 14/07/1379). ۵. Composantes du mode de vie religieux dans le domaine des affaires du point de vue du dirigeant iranien Un autre domaine qui devrait être pris en compte dans le style de vie est le domaine des affaires. Dans ce domaine, il met l'accent sur les deux éléments de la conscience du travail et de l'attention au travail collectif. A) Conscience de travail Le Guide suprême de l'Iran demande aux fonctionnaires de prêter attention à la question des heures de travail utiles et de dessiner du travail pour le peuple en tant que culte (Déclaration lors de la réunion des fonctionnaires du système, 16/05/2011). Il a appelé le travail une action juste (Déclaration à la réunion des travailleurs et des entrepreneurs, 14 / 2/1387) et considère la conscience du travail comme une nécessité (réunion des travailleurs et des enseignants, 10/2/1376) et en exprimant les signes de réalisation de la conscience de travail, ils dire: «Si la production a augmenté dans le domaine économique; Le travail social, administratif et économique est devenu plus fluide et plus facile; "Plus les gens utilisent de biens, plus c'est un signe que la conscience qui travaille a été éveillée dans notre société." (Message de Nowruz, 1/1/1374) Deux) Attention au travail collectif L'Islam appelle les musulmans à coopérer (Maeda: 5) Les spécialistes des sciences sociales estiment que le facteur le plus important du développement dans tout pays n'est pas les outils, la technologie et l'argent, mais la main-d'œuvre que l'unité et la coopération de ces forces peuvent éliminer plus rapidement les obstacles au progrès et au développement et avec moins d'effort. Le Guide suprême de l'Iran considère que la négligence du travail collectif est l'une des lacunes de la nation iranienne (Déclaration lors de la réunion du Ministre des sciences et des professeurs de l'Université de Téhéran, 13/11/2009) << Travail collectif, coopération et coopération les uns avec les autres est un grand effort. "Laissez les enfants, ainsi que les jeunes, s'habituer à regarder dur dès le début." (Déclarations à la réunion des enseignants et des professeurs des universités du Khorasan du Nord, 20/07/2012)

Traits de personnalité de l'imam Khamenei, chef de l'Iran

1- Centré sur Dieu Les dirigeants de l'Iran sont à la fois des prédicateurs centrés sur Dieu dans les mots et centrés sur Dieu et la piété dans la pratique. Ils demandent à chacun de prêter attention à Dieu, de lui demander de l'aide, de renforcer sa relation avec Dieu Tout-Puissant et de considérer le plaisir de Dieu dans tous les domaines. 2- S'appuyer sur l'islam pur Mahomet Le Grand Ayatollah Khamenei a un intérêt particulier à être islamique et à aller dans le sens des enseignements islamiques. Les caractéristiques les plus importantes de l'islam pur Mahomet, qui sont l'anti-oppression, l'anti-arrogance, la défense des opprimés et l'anti-aristocratie, se manifestent toutes dans ses déclarations et son caractère. Un des exemples de l'attention de Sa Sainteté Leh à l'islam pur est ses efforts pour rendre l'islam plus dominant sur les affaires du pays. Il a toujours appelé les responsables à essayer d'islamiser toutes les affaires du pays et leur a demandé d'islamiser le contenu de leurs actions. Un autre de ses conseils aux fonctionnaires est de rester à l'écart de la littérature religieuse sans comportement et pratique islamiques. 3- Compassion et miséricorde islamiques En interagissant avec le peuple et les fonctionnaires, le guide suprême de l'Iran a fait preuve de sympathie et de compassion et a toujours soutenu les démunis et les opprimés dans le monde. Un exemple de leur comportement à cet égard est l'acceptation de demander l'amnistie ou la commutation de la peine des condamnés devant les tribunaux iraniens dans le cadre de la constitution. Le dirigeant iranien n'est pas seulement un leader dans ce domaine, mais il a également appelé les autres à la compassion, la compassion, l'unité et la fraternité. 4- Justice centrale et déni de discrimination La justice centrale et la lutte contre la discrimination se retrouvent dans les déclarations du dirigeant iranien adressées aux responsables iraniens. Conseiller les fonctionnaires sur l'égalité des chances pour tous de profiter des biens matériels, insister sur la lutte contre la corruption économique, demander à plusieurs reprises aux membres du parlement iranien d'inclure les droits des démunis dans la loi, et conseiller à plusieurs reprises le pouvoir judiciaire de mettre en œuvre la justice et nommer le quatrième décennie de la révolution en tant que justice et développement sont des exemples de l'attention particulière de Sa Sainteté à la catégorie de la justice. Le guide suprême de la révolution islamique d'Iran considère la justice comme la valeur la plus importante de la société, la base de la création, la base de la légitimité des fonctionnaires et l'objectif principal du système. Ils adhèrent même à l'équité et à la justice pour leurs ennemis. 5- Être populaire Le guide suprême de l'Iran, au moment de sa présidence et pendant sa direction, était au sommet de sa popularité et de son acceptation populaire, et il considérait le soutien du peuple comme l'un des éléments sur lesquels il pouvait s'acquitter des responsabilités de leadership. . Un exemple de cette forte base populaire a été la répulsion de deux grandes séditions en 1378 et 1388, au cours desquelles le peuple a toujours défendu le système et son chef héroïquement sur la scène sous la direction et la direction de l'ayatollah Khamenei et a montré une fois de plus la puissance de Velayat. -e-Faqih en Iran Les mondes traînaient. D'autre part, de nombreux récits et mémoires sur la démocratie, la démocratie et les réunions publiques, la privation et la camaraderie avec les démunis par les fonctionnaires et ceux qui l'entourent sont une manifestation claire de sa popularité. 6- Avocat de la supervision d'experts Contrairement aux régimes dictatoriaux dans lesquels aucun contrôle n'est exercé sur la première personne du pays, en Iran, l'Assemblée d'experts vérifie que le guide suprême ne s'écarte pas du droit chemin, et le chef de la révolution lui-même est partisan de cette supervision. . Il s'est félicité de la supervision d'experts lors d'une session de questions-réponses d'étudiants en 2000 et a déclaré: «La supervision [de l'Assemblée d'experts] doit également être sérieuse et en face à face. C'est ma propre opinion et je l'ai dit à plusieurs reprises aux membres des experts et aux non-experts et à d'autres. «J'aime la surveillance et je me plains fortement d'échapper à la surveillance - si c'est chez quelqu'un ou quelque part.» 7- Légitimité et recours à la loi Le Guide suprême de l'Iran attache une importance particulière et fondamentale à la Constitution de la République islamique d'Iran et l'a interprétée comme la charte principale de la République islamique et la charte de la révolution et du pays. Il a toujours appelé tout le monde, en particulier les fonctionnaires et les personnalités politiques, à respecter la loi et à respecter la loi, et a constamment interdit l'anarchie, l'anarchie et le contournement de la loi. Sa Sainteté a également appelé les membres de l'Assemblée consultative islamique d'Iran à légiférer avec soin et à adopter des lois complètes, complètes, durables, déconstructives, utiles, explicites et transparentes. Le guide suprême de l'Iran considère que tout le monde est égal devant la loi et ne considère personne comme super-supervisé ou à l'abri de la surveillance de la loi.

Il reconnaît même en réponse au soupçon que les institutions et les appareils liés au leadership sont incontrôlables. Il cite même l'un des exemples de piété des fonctionnaires du système comme observant les limites légales dans tous les secteurs et ne les violant pas. Ailleurs, il s'est adressé aux responsables et aux politiciens de l'ère réformiste, qui ont enfreint la loi sous prétexte d'un vice de la loi, disant que s'ils constatent un défaut dans la loi, ils devraient le corriger légalement, mais agir en conséquence aussi longtemps. car la loi n'est pas modifiée. 8- Prôner et défendre la liberté Le guide suprême de l'Iran a toujours défendu la liberté et l'a présentée comme un cadeau divin, le cadeau de la révolution, appartenant au peuple et l'un des principaux objectifs de la révolution islamique. La liberté à laquelle il se réfère est la liberté islamique dans laquelle les limites divines sont observées, la convoitise n'est pas répandue et les croyances du peuple ne sont pas lésées. Il a fourni une plate-forme appropriée pour la réalisation de la liberté islamique dans le système, dont un exemple clair et unique est la liberté des élections. Depuis le début de la révolution iranienne, des élections ont eu lieu dans le pays en moyenne une fois par an et tous les responsables du pays ont été élus directement ou indirectement par le peuple. De plus, à la veille de chaque élection, le peuple et les candidats ont librement exprimé leurs opinions et fait des critiques massives et parfois injustes. L'existence de débats politiques pendant la campagne électorale présidentielle, qui s'est poursuivie jusqu'à présent à la radio et à la télévision iranienne, indique l'existence de la liberté d'expression pendant le guide suprême de la révolution.

Liberté politique: L'une des plus grandes réalisations de la révolution islamique a été l'indépendance politique et la liberté de la domination étrangère, qui a été obtenue sous la direction de l'Imam Khomeiny et s'est poursuivie jusqu'à ce jour. Le grand ayatollah Khamenei a décrit la signification du slogan de la liberté comme la liberté de la domination des oppresseurs et de l'intervention et de l'influence des étrangers, ce qui montre l'importance de cette grande réalisation. Liberté des femmes: Un autre problème de liberté dans la société est la liberté des femmes, que le Guide suprême de l'Iran a souligné à plusieurs reprises et considère la présence des femmes dans diverses sphères sociales en ce qui concerne le hijab, la chasteté et les limites des relations entre les femmes et les personnes. . Ils envisagent même d'interdire aux femmes d'être actives dans les sphères sociales contre le commandement de Dieu. Liberté de pensée: L'une des questions les plus importantes liées à la liberté que le dirigeant iranien a toujours invité tout le monde, en particulier l'élite scientifique, est la libre pensée. À cet égard, le guide suprême de l'Iran a invité l'élite scientifique, les universitaires et les séminaristes à tenir des chaires de libre-pensée, et des années plus tard, il a critiqué la non-réalisation de cela. Liberté d'expression: le guide suprême de l'Iran considère la liberté de parole et d'expression comme un droit inaliénable du peuple et de la presse et l'existence d'une presse libre dans le pays est un signe de croissance. Cependant, il a souligné l'existence de lignes rouges dans la presse, y compris la remise en cause de la révolution et du système. 9- Critique L'une des manifestations les plus importantes de la liberté d'expression dans n'importe quel pays est la critique des responsables de ce pays, qui est une caractéristique du dirigeant iranien. Dans de nombreuses séances de questions-réponses que Sa Sainteté a eues jusqu'à présent, en particulier pendant les réformes, les fondements de la révolution et du système, les institutions suprêmes, les fonctionnaires et les institutions sous la direction ont été soulevés, ce qu'il a dit avec sobriété. et raisonnement et sans insatisfaction totale. »Ils ont répondu. 10- Défendre les opprimés et combattre les arrogants Au cours de leur direction, le guide suprême de l'Iran, suivant la ligne de l'imam Khomeiny, a poursuivi une politique de défense des opprimés et de lutte contre les arrogants. Un exemple de défense des opprimés dans l'arène domestique est de soutenir les démunis, de prendre soin de leur situation et de conseiller aux autorités de respecter leurs droits. Dans le domaine de la lutte contre l'arrogance domestique, ils ont également mis l'accent sur la lutte contre les corrupteurs économiques sans discrimination et loin des slogans et des manifestations. Sur la scène internationale, Sa Sainteté a toujours pris une position claire et scandaleuse contre les puissances arrogantes du monde, en particulier les États-Unis, et a toujours défendu les nations opprimées du monde, en particulier la Palestine et le Liban. Il a parlé à plusieurs reprises de la profondeur de l'hostilité américaine envers la République islamique d'Iran et a examiné à plusieurs reprises les dimensions et les angles des interventions et des conspirations des dirigeants de la Maison Blanche en Iran. En plus de dénoncer les crimes et la nature arrogante des États-Unis, les dirigeants iraniens ont répondu à plusieurs reprises aux absurdités et aux menaces des chefs d'État américains, leur rappelant l'inefficacité de ces menaces. Quant aux négociations avec les États-Unis, le guide suprême de la révolution a toujours souligné l'impossibilité de négociations jusqu'au changement de la politique hostile des États-Unis et le tempérament arrogant de ce grand diable. Le régime sioniste usurpateur a été mentionné à plusieurs reprises dans Sa Sainteté Leh comme une tumeur cancéreuse et la nécessité de l'éradiquer a été soulignée. Il a également décrit Israël comme la plus grande menace actuelle et future pour le monde islamique. Les crimes du gouvernement britannique et de certains pays européens, dont l'histoire témoigne de leurs actions interventionnistes dans notre pays, ont également été révélés à la demande du dirigeant iranien. 11- Invitation à l'hostilité et à l'hostilité Le guide suprême de l'Iran, en plus d'avoir le pouvoir d'hostilité et d'anti-hostilité et a lutté contre l'arrogant du monde à la fois en paroles et en actes, a toujours demandé au peuple et aux responsables d'être hostiles et hostiles. À cet égard, Sa Sainteté dit: «Connaissez attentivement l'ennemi. Connaissez l'ennemi dans chaque costume. Connaissez l'ennemi sous la forme de n'importe quels mots. "(27/01/1377)

12- Inimitié avec l'adhésion aux valeurs Le guide suprême de l'Iran condamne fermement le fait que certains responsables estiment qu'au nom de la rationalité, au nom de la modération, au nom de l'évitement de la controverse et des troubles internationaux, les principes de la révolution et les principes de la révolution devraient être retirés. , et contre l'hostilité avec l'adhésion aux valeurs et la défense. Ils mettent l'accent sur les principes de l'Islam et de la révolution contre les ennemis et disent: Le système islamique est un système basé sur les principes de l'Islam. Partout où nous avons pu fonder l'état actuel et la structure de notre système sur l'Islam, c'est bien. C'est désirable; Partout où nous ne pourrions pas, nous devrions essayer de le mettre sur la même base islamique; Nous ne devons pas le violer. "(25/06/89) 13- Diplomatie envahissante Les dirigeants iraniens ont également appelé les responsables et les personnes impliquées dans l'appareil diplomatique iranien non seulement à ne pas céder aux demandes de gouvernements arrogants et oppressifs, mais aussi à être agressifs et exigeants contre les oppresseurs et les hégémons du monde. Adopter une diplomatie d'agression contre des gouvernements arrogants est l'une des grandes recommandations de Leh aux responsables de la politique étrangère. Comme on dit: «Dans le domaine de la politique étrangère, transformer une position offensive en position défensive est une erreur, et cette erreur s'est produite parfois. Pourquoi une position offensive? Autrement dit, nous sommes en guerre avec le monde? Non, cela ne veut pas dire; Nous sommes créanciers. "(04/09/86)

14- Sacrifice Le sacrifice est l'une des caractéristiques du guide suprême de l'Iran pendant la direction et la période précédant la révolution islamique, ce qui peut être vu dans de nombreux cas pendant la lutte et la torture endurée, l'isolement cellulaire et la déportation vers des régions reculées. Ainsi, la victoire de la révolution islamique d'Iran à un moment où de nombreux responsables ont été assassinés, il a prouvé ce don de soi en acceptant de sérieuses responsabilités telles que diriger les gardiens de la révolution, appartenance au Conseil suprême de la défense, chef de la prière du vendredi à

Téhéran, membre de Parlement et président. 15- Humilité Le chef de l’Iran, comme l’Imam Khomeiny, s’est toujours considéré comme un serviteur du peuple et s’est à plusieurs reprises qualifié de serviteur dans ses discours. Comme ils l'ont dit: «Je me considère moi aussi comme votre serviteur et le serviteur de ces gens, et si ce titre de service s'applique à moi, j'en serai fier. "Je me considère même vraiment plus petit que cette interprétation du service." (14/09/69) 16- Être digne de confiance envers la trésorerie Le gouvernement et la conduite personnelle du guide suprême de l'Iran sont un modèle de fidélité au Trésor et non d'extravagance. Dans leur vie simple et ascétique, ils ne font pas la moindre intrusion dans le trésor au profit de leur vie personnelle, et ils prennent grand soin de ne pas mélanger le trésor et les actifs du Guide suprême avec leurs biens personnels. De nombreuses anecdotes et récits ont été racontés sur l'exactitude et la fiabilité des dirigeants envers le trésor et le manque d'extravagance et de gaspillage. Un responsable du bureau de Son Altesse Leh a déclaré qu'un jour sa maison était à court de sucre. On lui a demandé: "Voulez-vous nous permettre d'apporter du sucre du bureau pour la maison?" Ils ont dit: "Sugar est un bureau pour les clients et nous devons obtenir ce sucre ailleurs." (Ray from the Sun, p. 171) 17- Bio simple Il considère la vie avec contentement comme une sorte d'orgueil et de sagesse et la tendance à l'aristocratie comme une anti-valeur et dit: «J'invite les gens au contentement. Le contentement fier, le contentement d'un homme sage et prudent qui sait qu'il assurera son avenir avec contentement. »(1/1/77) 18- Éviter le tribalisme et la partisanerie Suivant les traces de l'Imam Khomeiny, le Guide suprême de l'Iran n'a pas autorisé l'entrée irrégulière de la famille et des proches aux fonctions gouvernementales et a évité la partisanerie, tant dans le cas de parents que de fonctionnaires. Hojjatoleslam Marvi dit à propos du manque d'égalité et d'égalité des enfants de Sa Majesté: «Ils ont quatre fils, tous étudiants et généraux, et ils étudient vraiment. Ils étudient également bien. Je connais ces derniers, j'ai ce succès. J'ai une liaison. Nous avons une réunion, nous avons une réunion, nous parlons. Je ne les ai jamais vus parler d'argent, d'installations et de choses comme ça. "Il semble que ce sont des gens ordinaires et que leur père est une personne ordinaire." (Centre d'information Soroush Del)

Printed by Books on Demand GmbH, Norderstedt / Germany